Москва

Eine Lesereise

8,50

Rainer H. Berthelmann
Ksenia Prokopyeva

Москва

Eine Lesereise

Ernst Klett Sprachen
Stuttgart

1. Auflage 1 5 4 3 2 1 | 2017 16 15 14 13

Internetadresse: www.klett.de / www.lektueren.com

Redaktion: Lina Barth
Layoutkonzeption: Elmar Feuerbach
Gestaltung und Satz: Satzkasten, Stuttgart
Umschlaggestaltung: Sandra Vrabec
Titelbild: iStockphoto (Dmitry Mordvintsev), Calgary, Alberta
Druck und Bindung: Medienhaus Plump GmbH, Rheinbreitbach
Printed in Germany

ISBN 978-3-12-515334-9

9 783125 153349

Содержание

1 E-mail из Москвы

от кого ksu-austausch@ya.ru

кому peterthefox95@gmail.com

тема Путешествие в Москву

Всем привет!

Разрешите представиться: меня зовут Ксюша. Или просто Ксю, так меня называют мои друзья. Мне 17 лет и я учусь в 10 классе. Моя школа с углублённым изучением немецкого языка сотрудничает с несколькими школами-партнёрами в Германии и Австрии. Мы часто организуем школьные обмены и переписку по почте на немецком и русском языках. Меня то

8 **углублённый** vertieft – 9 **сотру́дничать** zusammenarbeiten – 11 **перепи́ска** Korrespondenz – 11 **то и де́ло** ab und zu

и дело просят погулять с иностранцами по городу, показать им Москву. Так произошло и в этот раз. Мне предложили побыть вашим гидом, когда вы приедете в столицу России. Я сразу же согласилась! Для меня это очень увлекательное занятие.

Мне всегда было интересно рассказывать нашим немецкоязычным гостям о Москве, замечательном городе, в котором я родилась и выросла. Я неплохо знаю немецкий и у меня много друзей из Германии, Австрии и Нидерландов, с которыми я могу на нём общаться. Некоторые из них учат русский, и я рада, что могу помочь им в освоении такого сложного языка. Но есть среди моих друзей и билингвы. Например, Вадим, мой друг по переписке, с детства говорит и на немецком, и на русском. О нём я вам ещё расскажу. Он приезжал к нам в гости в прошлом году вместе со своим классом.

Москва – очень большой многонациональный город, и архитектура тут самая разная. Я покажу вам исторический центр, новостройки и современные здания мегаполиса. За последние 15 лет он стал совершенно не похож на другие города России, а центр уже не отличается от сити стран Запада. Вы узнаете об охране культурно-исторических памятников архитектуры и строительстве в Москве, а также о жилье и аренде.

Мы побываем на нескольких экскурсиях, в том числе по Кремлю. Посетим интересные музеи и выставки. Какие именно, вы выберете сами. Для этого я научу вас быстро находить нужную информацию об интересующих вас местах, культурных событиях города в интернете и афишах молодёжных изданий.

Кроме прогулок по городу и его истории, вас ожидает масса фактов о столице и москвичах, знакомство с моими

4 **согласи́ться** zustimmen – 4 **увлека́тельный** spannend – 20 **отлича́ться** sich unterscheiden – 22 **жильё** Wohnen – 23 **аре́нда** Miete – 28 **собы́тие** Ereignis, Veranstaltung – 28 **афи́ша** *hier:* Veranstaltungskalender – 28 **изда́ние** (Zeitungs-)Ausgabe

друзьями и друзьями моей семьи, известными людьми, походы по интересным альтернативным местам (например, мы отправимся в «Эколофт»), а также информативные тексты для самостоятельного изучения, в том числе газеты и журналы. Не забудьте взять с собой ваши электронные словари! Они вам будут очень помогать. Также мы поговорим о возможностях учёбы в Москве и о первом университете страны. Может быть, вы хотели бы учиться в России? Я тоже уже задумываюсь над тем, куда мне поступать через полтора года.

Мы будем много передвигаться по городу и заходить в разные кафе. В некоторых из них есть бесплатный доступ в интернет через Wi-Fi. Ещё я хотела предложить вам несколько вариантов для выходных: зоопарк, планетарий или аквапарк. Если кто-то захочет пойти в зоопарк, а кто-то в планетарий или аквапарк, то мы просто разделимся на группы. Или попадём и туда, и туда, если у нас будет достаточно времени.

На неделе мы сходим в кино, в Москве очень много кинотеатров и выбор фильмов тоже очень большой! Ах да, чуть не забыла: в свободное время наша школа приглашает вас на открытый турнир по волейболу и баскетболу.

Если вы почувствуете, что вам не хватает чего-то родного, то я отведу вас к Гёте. Да-да, Гёте есть и в Москве. Москва – это абсолютно сказочный город, и вы в этом убедитесь!

До встречи!

Ксюша

9 **полтора́** anderthalb – 10 **передвига́ться** dahin und dorthin gehen – 11 **беспла́тный до́ступ** kostenloser Zugang, Access – 15 **раздели́ться** sich aufteilen – 15 **попа́сть** (попаду́) gelangen, hingeraten – 16 **доста́точно** genug – 18 **чуть не** fast, beinahe – 21 **не хвата́ет** fehlt – 21 **что́-то родно́е** *hier:* etwas von zu Hause – 22 **отвести́** hinführen – 23 **ска́зочный** märchenhaft – 23 **убеди́ться** sich überzeugen

2 ЧАВО – ЧАсто задаваемые Вопросы и Ответы

Москва самый большой город мира?

Нет. Всё равно Москва самый большой город Европы. Население сити почти 12 млн. Сверх того, в столице живёт очень большое, точно неизвестное число людей.

Где можно веселиться в Москве?

Конечно, во многочисленных местах. В городе работают тысячи дискотек, клубов, интернет-кафе, варьете и большое число игровых клубов. Здесь есть более 100 кинозалов и около 100 театров.

Где молодые москвичи могут заниматься спортом?

Москвичи спортивные! В Москве много спортсооружений, в том числе более 20 крытых ледовых арен, 38 лыжных баз, 41 дворец спорта, 63 больших стадиона, 109 стрельбищ, более 365 плавательных бассейнов.

А тем, кто любит читать и хочет учиться?

В конце 2010 г. в Москве насчитывалось 1727 общеобразовательных школ, 62 университета, 206 других вузов и 440 библиотек. На 1-е января 2011 года общий фонд Российской государственной библиотеки составлял 17,6 миллиона экземпляров, не считая миллионов экземпляров других видов изданий.

1 **ЧАВО́** – die Aussprache ähnelt der umgangssprachlichen Frage «Чего́?» („Was?") – 13 **спортсооруже́ние** Sportstätte – 15 **стре́льбище** Schießplatz – 18 **насчи́тываться** zählen, vorhanden sein – 20 **фонд** Bestand – 22 **не счита́я** nicht eingerechnet – 22 **вид изда́ний** Publikationsform

3 Числа и факты

- В столице живёт более 160 наций и народностей. Большинство из них – русские, но здесь живут и азербайджанцы, татары, башкиры, чуваши, украинцы, таджики, узбеки, казахи, киргизы, корейцы, китайцы, вьетнамцы и другие.

- Постоянное население города Москвы больше 11 млн человек, в том числе пенсионеры – ок. 24 % (2,5 млн чел.) и население в возрасте моложе трудоспособного: 13 % (1,4 млн чел.).

- Трудовые ресурсы всего приблизительно 8,5 миллиона человек, из них заняты: ок. 6 млн, число безработных всего только 160 000 человек (данные 2011 г.).

- Численность населения с денежными доходами ниже величины прожиточного минимума (в 2011 году 8449 руб. в месяц): 1,4 млн (ок. 10 %).

- «Комсомольская Правда» 23 июня 2011 г. сообщала, что в России 133 700 долларовых миллионеров. По данным, опубликованным журналом Forbes, в феврале 2012 г. в Москве проживал 101 долларовый миллиардер. (www.forbes.com)

- Только в течение 2010 г. на территории Москвы построено жилых домов общей площадью 1 768 000 квадратных метров.

- 4 марта 2012 г. Владимир Путин, кандидат от партии «Единая Россия», в третий раз был избран Президентом РФ. Сразу в первом туре он получил 63,60 % всех голосов, однако, в Москве за Путина проголосовало только 46,95 %.

6 Daten von Anfang 2010, dem Zeitpunkt der Volkszählung – 8 **трудоспосóбный** arbeitsfähig – 12 **дéнежные дохóды** Geldeinkommen – 13 **величинá** Größe, Umfang – 13 **1000 руб.** = ок. 40 Éвро (2001-2012 гг.) – 22 **РФ** Росси́йская Федерáция – 23 **тур** Wahlgang

4 Посмотрите и угадайте!

Попробуйте угадать, что это за здания. Ответы на странице 71.

1

2

3

4

5 Москва с высоты птичьего полёта

Вы любите летать на самолёте? Прилетайте ко мне в гости, в Москву! Для поездки в Россию вам сначала будет необходимо оформить визу в посольстве или в одном из консульств России. Полёт из Берлина в Москву займёт примерно два с половиной часа. Если вы выберете авиакомпанию Lufthansa или Трансаэро, то приземлитесь в «Домодедово», крупнейшем аэропорту России по объёму пассажиропотока. База авиакомпании Аэрофлот – аэропорт «Шереметьево». Как и в «Домодедово», здесь много магазинов, ресторанов и уютных кафе.

Самый скромный, но, пожалуй, и самый удобный по расположению – единственный находящийся в черте города

5 **посо́льство** Botschaft – 8 **приземли́ться** landen – 8 **крупне́йший** größter (кру́пный groß, bedeutend) – 9 **пассажиропото́к** Passagieraufkommen – 12 **скро́мный** bescheiden, *hier:* klein – 12 **пожа́луй** wohl – 13 **в черте́ го́рода** im Weichbild der Stadt

аэропорт «Внуково». Но до центра столицы ещё предстоит добраться. Автобус – самый дешёвый вариант. Правда, он ходит с большим временным интервалом. Можно поехать на аэроэкспрессе, но это стоит довольно дорого. До первой станции метро можно доехать и на маршрутке.

Прилетайте в Москву, я обязательно вас встречу! Например, в прошлом году я встречала моего друга Вадима в аэропорту «Домодедово». Он живёт в Берлине, его дед переселенец из России. Поэтому Вадим неплохо говорит по-русски. Мы познакомились в Москве. Пусть он сам расскажет вам о своём первом полёте из Берлина в Москву!

Привет, ребята! Я Вадим. Пару лет назад моя школа заключила договор об обмене с московской школой-партнёром. И вот, в прошлом году мы полетели в Москву, на три недели. Поэтому с собой у меня была не только ручная кладь, но и тяжёлый чемодан с вещами и подарками для принимающей семьи. Мы заранее приехали в аэропорт Шёнефельд, за два часа до вылета. На табло мы увидели, что регистрация на рейс уже началась.

Мы сдали тяжёлые сумки в багаж, а кому-то даже пришлось доплачивать за перевес. Ведь при покупке авиабилета было

2 **предстоя́ть** bevorstehen – 8 **дово́льно** ziemlich – 17 **переселе́нец** Umsiedler – 26 **ручна́я кладь** Handgepäck – 29 **регистра́ция на рейс** Einchecken – 31 **переве́с** Übergewicht

забронировано только одно место багажа весом не более 20 кг. После того, как мы получили посадочный талон, весь класс прошёл паспортный контроль и оказался в дьюти фри, зоне беспошлинной торговли. Все тут же разбежались по кафе и магазинам, где для тех, кто забыл это сделать раньше, была последняя возможность приобрести сувениры для друзей по переписке. Время пролетело очень быстро.

Все были взволнованы: кто-то радовался предстоящей встрече, а кто-то боялся необходимости объясняться по-русски. На борту самолёта нас приветствовали бортпроводники. Они раздавали пассажирам маленькие подарки от авиакомпании и конфеты от укачивания. Я стал искать глазами своё место, 12 А, и обнаружил, что за ним сразу идёт 14-ый ряд, а 13-го нет вообще! Страх потерять суеверных клиентов?

За несколько минут до посадки я проснулся. Мы снова должны были пройти паспортный и таможенный контроль. Ну и что? Мы были в Москве! А особенно классно было то, что у выхода меня встретила Ксю, моя подруга по переписке».

1 **заброни́ровать** buchen – 2 **поса́дочный тало́н** Bordkarte – 4 **беспо́шлинная торго́вля** zollfreier Handel – 6 **приобрести́** erwerben – 10 **бортпроводни́к** Flugbegleiter – 12 **ука́чивание** *hier:* Flugkrankheit – 13 **обнару́живать/обнару́жить** entdecken – 14 **страх** Angst – 15 **поса́дка** Landung – 16 **тамо́женный** Zoll-

6 Столица – постройка

Пока мы добирались из аэропорта домой, вы смогли сами убедиться: Москва – это огромный город с довольно высокими зданиями. А ведь до XVIII века, ещё в царские времена, в столице запрещалось строить здания выше колокольни «Иван Великий» (81 м) – самого высокого здания Кремля. Но и сам город был тогда меньше. На сегодняшний день исторический центр окружён Садовым кольцом.

На Садовом кольце в конце 1940-х – начале 1950-х годов были построены шесть из семи «сталинских высоток»: Министерство иностранных дел – МИД (см. фотографию слева), пятизвёздочная гостиница «Рэдиссон Ройал», элегантная гостиница «Hilton Moscow Ленинградская», три жилых дома, а также главное здание Московского Государственного университета на Воробьёвых горах, откуда видны все «семь сестёр».

В 1960-м годам в Москве появились проспекты, многокилометровые широкие магистрали с многорядным движением: Кутузовский проспект, Ломоносовский проспект и другие.

Первая линия метро открылась в 1935 году, но строительство новых станций и веток продолжается и по сей день. Огромное

5 **запреща́ться** verboten sein – 5 **колоко́льня** Glockenturm – 8 **окружён** umkreist, umgeben – 8 **кольцо́** Ring – 12 **высо́тка** *umg.spr.* Hochhaus – 21 **Воробьёвы го́ры** Sperlingsberge – 25 **многоря́дное движе́ние** mehrspuriger Verkehr – 28 **ве́тка** Zweig, *hier:* U-Bahnlinie – 28 **по сей день** bis zum heutigen Tag

число людей едет из так называемых «спальных районов» – удалённых от центра города районов с многоэтажными панельными домами. Это не очень красивые дома, но жильё в них стоит дешевле, ведь иметь квартиру в центре Москвы для многих не по карману.

Бизнес-центр «Москва-Сити» на набережной Москвы-реки – символ русского капитализма. Самая высокая башня этого комплекса 506 метров высотой. Аренда одного квадратного метра стоит здесь тысячи евро. «Москва-Сити» действительно грандиозная постройка!

2 **удалённый** entfernt – 8 **не по карма́ну** unerschwinglich – 9 **на́бережная** Uferstraße

Но соседи жалуются: «Раньше был красивый вид из окна, были видны церковь Святого Иоанна, храм Христа Спасителя, Дом Правительства РФ, так называемый «Белый Дом» (см. фото справа), другими словами, что-то такое своё, родное сердцу. А теперь? Теперь перед глазами «Нью-Йорк», расстраиваются жители нашего дома.

Но подобные здания являются неотъемлемой частью современной Москвы. На площади Киевского вокзала построили торгово-развлекательный центр «Европейский». Манежная площадь перед Историческим музеем превратилась в лабиринт переходов после того, как перед кремлёвской стеной был построен подземный торговый комплекс «Охотный ряд». За последнее десятилетие в Москве появились десятки многоэтажных жилых комплексов. Места в городе мало, а людей становится всё больше. Миллионеры же мечтают о собственных виллах. Одно из самых популярных мест незаконного строительства коттеджей в Москве – Серебряный Бор, лесной массив на западе города, являющийся кроме того природоохранной зоной. В 2012 г. здесь должны быть снесены 300 незаконных построек. Подробнее об этом вы можете узнать из статьи на стр. 19.

Даже поставленные на государственную охрану культурно-исторические памятники архитектуры в центре города приходится оберегать от жадных застройщиков и их клиентов.

3 **це́рковь свято́го Иоа́нна** Johanneskirche – 3 **храм Христа́ Спаси́теля** Christ-Erlöser-Kathedrale – 9 **расстра́иваться** sich aufregen, verärgert sein – 11 **неотъе́млемая часть** untrennbarer Bestandteil – 13 **торго́во-развлека́тельный центр** Handels- und Vergnügungszentrum – 14 **Мане́жная пло́щадь** Manegeplatz – 14 **преврати́ться** sich verwandeln – 16 **Охо́тный ряд** Jagdzeile (ehemaliger Markt für Pelze usw.) – 20 **со́бственный** eigen – 21 **незако́нный** illegal – 21 **Сере́бряный Бор** Silberwald – 23 **сноси́ть/снести́** abtragen, abreißen – 26 **поста́вленный на госуда́рственную охра́ну** unter Denkmalschutz gestellt – 27 **оберега́ть от жа́дных застро́йщиков** vor gierigen Bauhaien schützen

для которых существуют две жизненные ценности – как можно больше прибыли и престиж.

В 2007 году было создано добровольное некоммерческое движение Архнадзор, борющееся за сохранение памятников архитектуры. К сожалению, спасти уникальные строения удаётся не всегда. В 2008 году универмаг «Детский мир» (фото слева) закрыли на реконструкцию, но вскоре части здания по непонятным причинам потеряли охранный статус, что привело к разбору подлинных интерьеров памятника.

Реставрация одного из самых красивых зданий столицы, Дома Пашкова (фото справа), построенного в стиле классицизма, началась в 1986 году, была прервана на восемь лет из-за нехватки денег и закончилась только в 2007 году. Тем не менее, за это время в Москве появились сотни новых зданий. В гонке за современностью Москва теряет свой исторический облик. Движение Архнадзор изо всех сил старается сохранить Старую Москву.

1 **существова́ть** existieren – 2 **при́быль** Profit – 4 **доброво́льный** freiwillig – 5 **движе́ние Архнадзо́р** Bewegung „Architekturaufsicht" – 5 **боро́ться** kämpfen – 6 **сохране́ние** Erhaltung – 7 **к сожале́нию** leider – 11 **вско́ре** bald – 12 **причи́на** Grund – 18 **Дом Пашко́ва** Paschkow-Haus (Teil der Staatsbibliothek) – 21 **прерва́ть** unterbrechen – 22 **нехва́тка** Mangel – 23 **тем не ме́нее** ungeachtet dessen – 25 **го́нка** Jagd, Hatz – 27 **о́блик** Antlitz, Gesicht – 28 **стара́ется сохрани́ть** setzt sich für die Erhaltung ein

Прочитайте отрывок из газетной статьи с помощью словаря. Расскажите о ней своим друзьям.

В Москве снесут 300 самовольных построек

В ближайшее время в Москве снесут 300 самовольно построенных объектов. Об этом в номере от 19 января пишет газета «Ведомости» с ссылкой на представителя стройкомплекса столицы. По данным издания, в прошлом году мэрия приняла решение о сносе 366 самостроев, 67 из которых уже снесены. Общая площадь снесённых объектов, в число которых попало 27 капитальных строений, составляет 82,8 тысячи квадратных метров. Больше всего самостроев снесено в Северном, Западном и Восточном округах.

Самой большой снесённой постройкой является оптовый рынок «Эмерал», расположенный на 25-ом километре МКАД. В ноябре 2010 года мэр Москвы Сергей Собянин раскритиковал ярмарку, сравнив её с «самыми бедными провинциями в Индии». В настоящее время ведётся реконструкция рынка и подготовка строительства современного торгово-развлекательного комплекса.

Как отмечает источник газеты, по 47 объектам вступили в силу решения суда и уже начат снос, по 240 – ведутся судебные разбирательства. Ещё по 79 объектам застройщикам направлены предписания о добровольном сносе и освобождении земельных участков. В противном случае мэрия будет обращаться в суд.

Решение о сносе объектов принимают городская и окружные комиссии по пресечению самовольного строительства. Информацию для комиссий собирают Мосгосстройнадзор, префектуры, природоохранная прокуратура, управы районов, департамент земельных ресурсов, а также объединение административно-технических инспекций.

19 января 2012 г.

URL: http://realty.lenta.ru/news/2012/01/19/snos/ (цит. 29.05.2012)

отры́вок Auszug – 15 **МКАД** (Моско́вская кольцева́я автомоби́льная доро́га) Moskauer Ringautobahn

7 Познакомьтесь с москвичами!

Как вы уже читали, в моём городе живут около 11,5 миллиона человек. Давайте познакомимся с некоторыми из них!

Екатерина Р……..ва

Моя семья давно дружит с Катей. Она красивая брюнетка, любит одеваться по последней моде и покупает только дорогие духи. Катя добрая и очень милая. Но ещё энергичная и решительная. Ей всего 35 лет, а у неё уже есть своя фирма – детективное агентство. Я вам лучше не буду говорить её настоящую фамилию. По её словам один из главных принципов агентства – это секретность. Когда говоришь с ней о работе, то отвечает она обычно сдержанно. На мой вопрос, не опасная ли у неё работа, она коротко ответила: «Не очень. Не всегда.» Её агентство работает круглосуточно во многих сферах жизни. Поэтому у неё не много свободного времени и мы редко встречаемся. Например, вчера вечером мы пошли с ней в кинотеатр «Художественный» на Арбатской площади смотреть триллер «Опасный метод». После фильма мы ещё сидели в ресторане «Френч Кафе», но о Катиной работе мы не говорили ни слова!

Полина Дашкова

Я познакомилась с Полиной Дашковой на авторских чтениях. Мой отец тоже писатель. Он пригласил меня вместе с ним пойти послушать её. Я читала её детективный роман «Место под солнцем» и знала только о том, что она пишет очень увлекательные романы. Поэтому я зашла на её вебсайт. Она «одна из самых известных современных российских писательниц. Автор знаменитых романов, изданных тиражом свыше 30 миллионов экземпляров» (2012 г.). На презентации Полина Дашкова представила свой роман «Источник счастья». Мне обязательно надо будет его прочитать! После чтений мы с папой подошли к ней. Дашкова очень интеллигентная. Вся её семья тоже принадлежала к московской интеллигенции. Между прочим, Полина Дашкова – это писательский псевдоним. Она не любит выдавать своё настоящее имя.

2 **брюне́тка** Brünette – 4 **духи́** Parfüm – 5 **реши́тельный** entschlossen – 9 **сде́ржанно** zurückhaltend – 23 **увлека́тельный** unterhaltsam, spannend – 25 **тира́ж** Auflage – 27 **представля́ть/предста́вить** vertreten, repräsentieren, darbieten – 27 **исто́чник** Quelle

Виталий Иванович Исаев

Виталий Иванович знает всех жильцов в нашем подъезде – он консьерж. Он смотрит за домом и следит за чистотой и порядком. Ему 71 год. На самом деле Виталий Иванович работает консьержем совсем недавно, ему просто скучно сидеть дома и ничего не делать. Всю свою жизнь Виталий Иванович был учителем в средней и старшей школе, преподавал историю. Он уже 11 лет на пенсии (пенсионный возраст в России для мужчин наступает в 60 лет), но с работы он ушёл только в прошлом году, когда появились проблемы со здоровьем. Ведь пенсия небольшая. Работа консьержем отнимает не так много сил. Во время дежурства в своей маленькой комнатке на первом этаже Виталий Иванович часто смотрит телевизор, звонит друзьям или читает интересные книжки. А по вечерам за чашкой чая он, бывает, даже сочиняет стихи.

Вадим Афонин

Вадим – студент второго курса, он учится на географическом факультете, на кафедре океанологии. Он очень рад, что сразу после школы удалось поступить в университет. Он получил отсрочку от армии. (К сожалению, альтернативной гражданской службы в России по факту нет). У Вадима бурная студенческая жизнь – с 9 и до 16 часов лекции и семинары, а вечерами баскетбол, иногда танцы на набережной Москвы-реки (хастл, латина), вечеринки до утра. На сон остаётся не так уж много времени. Но студенты успевают всё. Три раза в неделю Вадим занимается репетиторством. Даже у отличников стипендия не очень большая. Поэтому студенты часто вынуждены подрабатывать, чтобы не просить денег у родителей. Вадим ездит к школьникам в разные районы Москвы и помогает им по математике, физике, химии и биологии. В Москве репетиторам хорошо платят.

2 **жиле́ц** Bewohner – 3 **консье́рж** Pförtner, Hauswart – 4 **на са́мом де́ле** eigentlich – 11 **отнима́ть** *hier:* beanspruchen – 15 **быва́ет** es kommt vor, manchmal – 15 **сочиня́ть** verfassen, schreiben – 17 **курс** Studienjahr – 18 **ка́федра** Lehrstuhl, Abteilung – 20 **отсро́чка** Zurückstellung – 20 **гражда́нская слу́жба** Zivildienst – 21 **бу́рный** stürmisch, ungestüm – 25 **успева́ть/успе́ть** etw. rechtzeitig schaffen – 26 **репети́торство** Nachhilfe(unterricht) – 27 **вы́нужден** muss – 28 **подраба́тывать** hinzuverdienen

8 Кремль тогда и сегодня

Вы, конечно, знаете, что Московский Кремль раньше был резиденцией царей, а сегодня он – официальная резиденция Президента РФ. Хотите, мы с вами посетим Московский Кремль? С удовольствием я буду вашим гидом.

Насколько мне известно, слово «кремль» значит «деревянное укрепление», потому-что в старые времена строили деревянные кремли. Только позже начали воздвигать также и каменные, как, например, в Новгороде, Ростове-на-Дону, Астрахани и других городах. Это значит, что во многих городах России есть свой кремль. Наш Московский Кремль древнейшая часть Москвы. Ещё в 1156 году здесь были построены первые укрепления. Так что Кремлю почти девятьсот лет. Здорово, правда? – Вы готовы? Тогда пошли!

7 **укрепле́ние** Festung – 8 **воздвига́ть/воздви́гнуть** errichten – 8 **ка́менный** steinern, Stein- (ка́мень Stein) – 11 **древне́йший** sehr alt, ältest

У русских есть пословица: «Не вдруг Москва строилась.» Кремль, конечно, построили тоже не в одно мгновение. Так на его территории расположены памятники архитектуры XIV-XX веков. Новые здания появляются и сейчас.

Вот там на площади, например, стоит прекрасный Успенский собор. Он был построен в конце XV века. Говорят, что он один из старейших зданий Московского Кремля. Какой он красивый! Особенно мне нравится то, что Успенский собор весь построен из белого камня.

А вот это – Царь-колокол. Вы видите, какими маленькими кажутся мои английские подруги Мария и Джоуэн по сравнению с великим колоколом? Этот гигант был отлит в 1733-1735 годах. Подумайте только! Высота колокола более шести метров, а вес его почти 202 тонны.

Вы тоже хотите сняться перед Царь-колоколом? – Ладно! Улыбнитесь, пожалуйста, сыыыр!

Ещё один знаменитый памятник – Царь-пушка. Видите, как Себастиан, один из наших немецких школьников, стоит перед пушкой и мёрзнет? Фото снято зимой. Себастиан удивился, прочитав, что пушка была создана в «граде Москве лета

1 **посло́вица** Sprichwort – 2 **мгнове́ние** Augenblick – 17 **сравне́ние** Vergleich – 19 **отли́т** gegossen – 28 **мёрзнуть** frieren

7094». Это по православному календарю. Пушка была отлита Андреем Чоховым в 1586 году. Внушительные у неё размеры, правда? Но она никогда не участвовала в боевых сражениях.

Пойдём дальше! Вы видите там это колоссальное здание? Это Государственный Кремлёвский дворец, пока самое молодое здание на территории Кремля.

Над его входом висит герб Российской Федерации. Вы знаете, как он выглядит? Орёл с двумя головами. На груди двуглавого орла – исторический Московский герб с Георгием Победоносцем, убивающим дракона.

1 **правосла́вный** orthodox – 4 **внуши́тельный** furchteinflößend – 4 **разме́р** Größe, Abmessung(en) – 6 **боево́е сраже́ние** Kampfhandlung, Krieg – 12 **герб** Wappen – 13 **орёл** Adler – 15 **драко́н** Drache

В 2011 году Государственный Кремлёвский дворец отметил 50-летний, золотой юбилей. Здание действительно огромное. Представьте себе, один только зал заседаний рассчитан на 6000 мест. Это население маленького городка! Раньше здесь проходили заседания съездов Коммунистической партии. Сегодня это одна из лучших и самых престижных театрально-концертных площадок страны. В ГКД выступают ведущие русские и мировые музыканты. Среди них легендарные Джо Кокер, Мирей Матье, Марк Нопфлер, Гэри Мур, Джордж Бенсон, Тони Брэкстон и многие другие.

Вы хотите пойти туда? Тогда посмотрите афишу на страничке http://gkd-kremlin.ru и выберите концерт по вашему вкусу.

В конце нашей прогулки я хотела бы показать вам действительно редкую достопримечательность – колокольню «Иван Великий». До начала XVIII века эта церковь-колокольня являлась самым высоким зданием нашего города. Поверьте мне, на башню стоит подниматься! Количество ступенек небольшое – 137.

К сожалению, сегодня у нас больше нет на неё времени. Если хотите, вы можете пройти виртуальный тур по Кремлю в Интернете. Дома мы с вами найдём страничку с туром, ладно?

1 **отмеча́ть/отме́тить** begehen, feiern – 3 **заседа́ние** Sitzung – 5 **съезд** Parteitag – 11 **страни́чка** *hier:* Webseite

9 Кто такой Юрий Долгорукий?

– Ребята, переходите со мной на Тверскую площадь. Вы знаете, кому посвящён этот колоссальный памятник? – Это написано на памятнике: «Основателю Москвы Юрию Долгорукому».

– Когда Москва была основана? – Где-то в середине XII века.

– Кто такой Юрий Долгорукий? – Это русский князь, э, великий князь, э, простите, этого я точно не знаю. Пусть iPod нам поможет. Подождите минуточку!

– Окей, вот я нашла, что вас интересует: Юрий I Владимирович Долгорукий – Князь ростово-суздальский и Великий Князь киевский – основал Москву в 1147 г. для охраны границ своего княжества – в то время Москва ещё была небольшим селом на высоком холме у слияния трёх рек.

3 **посвящён** gewidmet – 6 **князь** Fürst – 7 **прости́ть** entschuldigen – 8 **подожда́ть** warten – 11 **охра́на** Schutz – 12 **кня́жество** Fürstentum – 13 **село́** Dorf – 13 **холм** Hügel – 13 **слия́ние** Zusammenfluss

– Вы хотите узнать, почему у Долгорукого такое странное имя? Давайте дома посмотрим подробнее!

– Смотрите, вот на вебсайте «Лучшие люди страны» я нашла биографию Юрия Долгорукого. Если хотите, прочитайте отрывки из этого интересного текста.

Юрий (Георгий) Владимирович, по прозвищу Долгорукий (др.-русск. Гюрьги, Дюрьги; род. 1090-е годы – ум. 15 мая 1157 года, Киев) – князь ростово-суздальский и великий князь киевский. Считается основателем Москвы.

С 1113 года (по другим версиям, с 1096 года) до конца жизни Юрий управлял Ростово-Суздальским княжеством. После 1132 года пытался захватить южнорусские земли, включая Переяславль и Киев (за что, вероятно, получил прозвище Долгорукого). Построил ряд крепостей, в том числе Дубну, Переславль-Залесский, Кострому и др.

В годы его правления впервые в летописях упомянута Москва (1147), где Юрий угощал своего союзника, князя Новгород-Северского Святослава Ольговича (отца Игоря Святославича, героя «Слова о полку Игореве»).

Суздальский боярин Степан Иванович Кучко владел сёлами и деревнями по реке Москве. Юрий Долгорукий, проездом, остановился в этой местности, а приказал убить Кучко за какую-то грубость, завладел сёлами убитого боярина и заложил на берегу реки Москвы город, который долго назывался Кучковым, а затем Москвой.

В 1156 г. Юрий, согласно летописи, укрепил Москву рвом и деревянными стенами.

URL: http://www.bestpeopleofrussia.ru/persona/Yuriy-Dolgorukiy/bio/ (цит. 29.05.2012)

6 **про́звище** Beiname – 7 **др.-русск.** (дре́вне-ру́сский) altrussisch – 11 **управля́ть** regieren, (be)herrschen – 12 **пыта́лся захвати́ть** versuchte zu erobern – 13 **включа́я** einschließlich – 13 **вероя́тно** wahrscheinlich – 16 **правле́ние** Herrschaft – 16 **упомя́нута в ле́тописях** in den Chroniken erwähnt – 17 **угоща́ть** zu Gast haben, bewirten – 17 **сою́зник** Verbündeter – 20 **боя́рин** Bojar – 20 **владе́ть** besitzen – 22 **прое́здом** auf der Durchreise – 23 **гру́бость** Grobheit, Ungeschick – 24 **заложи́ть** anlegen, gründen – 25 **зате́м** danach, später – 26 **согла́сно** gemäß, nach – 26 **укрепи́ть** befestigen – 26 **ров** Graben

10 Москва – город полутысячи музеев

Ребята, вы не знаете, что делать завтра? А вы не хотели бы сходить в какой-нибудь музей? В Москве почти пятьсот популярных и необычных музеев. Говорят, что в столице даже больше музеев, чем в Санкт-Петербурге. Давайте посмотрим короткий список наиболее известных музеев на сайте http://www.museum.ru! Потом скажите, куда вам больше всего хочется пойти. Ладно?

Политехнический музей
Это один из крупнейших музеев мира. Он был открыт 12 декабря 1872 года.

Галерея русской ледовой скульптуры

Галерея Русской Ледовой Скульптуры площадью 450 квадратных метров – это место, где круглый год при минусовой температуре представлены ледяные скульптуры в свето-музыкальном сопровождении.

Музей спорта «Лужники»

Музей спорта «Лужники» был основан в 1957 году к открытию 6-го Всемирного фестиваля молодёжи и студентов. Это один из крупнейших действующих спортивных музеев России.

Музей Великой Отечественной войны

Музей был открыт 9 мая 1995 г. в честь Победы в Великой Отечественной войне 1941-1945 гг. Гордостью музея являются шесть диорам, посвящённых важнейшим сражениям войны.

Мемориальный музей космонавтики

Этот музей расположен в цокольной части монумента «Покорителям космоса» (см. фото справа) – уникального памятника Москвы. Монумент был воздвигнут в честь запуска Первого искусственного спутника Земли. Первый в мире Спутник был запущён 4 октября 1957 года.

Государственный Биологический музей

Государственный биологический музей им. К.А. Тимирязева – комплексный естественно-научный музей, основан в 1922 г. на базе Музея живой природы Московского городского народного университета.

7 **сопровожде́ние** *hier:* Ambiente, Begleitumstände – 11 **де́йствующий** in Betrieb befindlich – 17 **цо́кольный** Sockel- – 18 **покори́тель** Bezwinger, Eroberer – 21 **в честь за́пуска** zu Ehren des Starts – 28 **есте́ственно-нау́чный** naturwissenschaftlich

Государственная Третьяковская галерея

Коллекция живописи, собранная купцом Павлом Третьяковым. В 1986 году было образовано Всесоюзное (с 1994 года – Всероссийское) музейное объединение «Государственная Третьяковская галерея».

Государственный музей истории ГУЛАГа

Этот музей был открыт 18 мая 2004 года. В основу коллекции легли материалы и документы, собранные жертвами коммунистических репрессий: личные документы, фотографии, письма и личные вещи репрессированных.

Государственный музей А.С. Пушкина

Государственный музей Александра Сергеевича Пушкина в Москве был создан на родине поэта в 1957 году. В создании музея в середине минувшего века принимали участие известные учёные-пушкинисты.

Памятник Александру Пушкину и его жене Наталье Гончаровой на Арбате.

4 **объединéние** Vereinigung – 15 **минýвший** vergangen

Дом Высоцкого на Таганке

Государственный культурный центр-музей В.С. Высоцкого занимается сбором источников, отражающих жизнь и творчество наиболее популярного советского актёра, поэта и певца Владимира Высоцкого.

Музей музыкальной культуры имени М.И. Глинки

Свою историю этот музей ведёт от 1912 года, когда при Московской консерватории состоялось открытие музея имени. Н.Г. Рубинштейна, знаменитого русского композитора и основателя консерватории.

Музей Киноконцерна «Мосфильм»

Музей Киноконцерна «Мосфильм» – это уникальная экспозиция костюмов, декораций, плакатов, макетов, карет, военной техники и ретроавтомобилей из известных российских кинофильмов, например из фильмов «Война и мир», «Анна Каренина» и многих других.

Государственный Исторический музей

В 2006 году Исторический музей закончил работу над постоянной экспозицией. На двух этажах в 39 залах представлена история России с древнейших времён до начала XXI века.

Ну как, вы выбрали себе музей? Вы нашли адрес? Завтра воскресенье. У моего папы будет время отвезти нас туда на машине.

3 **сбор** Sammeln – 14 **макéт** Modell – 14 **карéта** Kutsche

11 Развлекательная Москва

Русские любят труд, но веселиться тоже очень любят. У вас тоже есть такая пословица: «Умеешь работать, умей и отдыхать»?

Вы, наверное, уже знаете, что в России отмечается немало официальных, традиционных и личных праздников, например, Пасха, Масленица, Рождество, Женский день – 8-е марта и другие. Куда же москвичи идут в эти свободные от работы дни, а также по субботам и воскресеньям? Какие развлечения есть в нашем городе? Как мы проводим выходные или, как сейчас иногда говорят, уикенд?

8 **развлече́ние** Unterhaltung, Vergnügen (развлека́тельный unterhaltsam)

Я знаю, конечно, много клубов, дискотек и других интересных мест в Москве. Но несмотря на это, я решила зайти на сайт http://www.afisha.ru/. На нём можно найти кучу информации о развлечениях в нашем городе.

Я даже и не знала, что у нас есть 91 концертный зал, 188 кинотеатров, 304 фитнес-центра, 387 клубов, 251 театр, 1152 спортивных сооружения, 3338 магазинов, 4097 ресторанов и тому подобное. Какая статистика! За одну неделю мы могли бы посмотреть всё, если бы каждую минуту были в другом месте… Нет, серьёзно. Я нашла одно очень интересное место, где, вероятно, каждый найдёт что-то по своему вкусу.

Прочитайте сами! Этот текст я увидела на фирменном сайте фэнтази парка.

Может быть, вам понадобится словарь. Вы знаете отличный онлайн-словарь www.PONS.de? В нём найдёте русско-немецкий словарь и словари многих других языков.

Планета развлечений «Фэнтази парк» – развлекательный центр для семейного и индивидуального отдыха

25 октября 2003 года под патронажем тогдашнего мэра Москвы Ю.М. Лужкова был торжественно открыт центр семейного отдыха «Фэнтази парк». Это крупнейший и единственный в России развлекательный семейный центр на площади в 6000 кв.м, на территории которого разместился аквапарк и разнообразные площадки, где профессиональные аниматоры устраивают различные детские развлечения, проводят детские дни рождения, корпоративные праздники, отвечают за взрослый и детский досуг.

2 **несмотря́ на э́то** ungeachtet dessen, trotzdem – 3 **ку́ча** Menge – 11 **по своему́ вку́су** nach seinem Geschmack

Немногие аквапарки Москвы располагают такой площадью, на которой органично соседствуют водные развлечения для всех возрастов и сугубо детские развлечения с задорными клоунами, аниматорами, тренерами и воспитателями.

За время работы аквапарк завоевал репутацию «модного и любимого места» для проведения досуга не только жителей района Марьино, но и всей Москвы. Помимо проведения детских праздников, студенческих вечеринок и корпоративных праздников, «Фэнтази парк» занимает достойное место в списке «аквапарки Москвы». […] «Фэнтази парк» представляет собой удивительный мир, в котором не действуют законы времени и пространства. «Фэнтази парк – Аквапарк» – это планета развлечений, где комфортно себя ощущают люди разного возраста, семейного положения и социального статуса. Проведение детских праздников и корпоративных праздников заметно разнообразят четыре континента, собранных нами под одной крышей: старая добрая «Европа», яркая экзотичная «Африка», богатая и демократичная «Америка», стильная и блестящая «Антарктида».

URL: http://www.fpark.ru/ (цит. 29.05.2012)

Ну как? Вам не хочется прямо сейчас пойти в «Фэнтази парк»? Пока я тоже была там только один раз. Билеты стоят дорого, но тогда стоит сходить!

12 Смотри на меня! Сайт мероприятий

Скоро 14 февраля, день святого Валентина. Вы тоже отмечаете день всех влюблённых? А как? Дома или идёте куда-нибудь? Дома, конечно, можно устроить романтический вечер при свечах. Но нам на этот раз захотелось ярких впечатлений, и мы решили провести 14 февраля в городе.

Вообще мы активно участвуем в культурной жизни столицы. Ведь здесь столько всего происходит: концерты, лекции, выставки, спектакли, альтернативное кино, вечеринки!.. Для того чтобы всегда быть в курсе событий, мы регулярно заглядываем на «Look at me!» (http://www.lookatme.ru/cities/moscow/events/). Это один из популярнейших сайтов с афишей мероприятий в Москве. Смотрите, что мы уже там нашли:

5 **устро́ить ве́чер** sich einen schönen Abend machen – 6 **свеча́** Kerze – 6 **я́ркие впечатле́ния** *hier:* etwas Besonderes – 9 **сто́лько всего́** so viel (von allem) – 11 **быть в ку́рсе** auf dem Laufenden sein, Bescheid wissen – 12 **загля́дывать** ansehen – 14 **мероприя́тие** *hier:* Veranstaltung

ВЫСТАВКА
Day of Love / Открытие выставки «В пути» / Jazz Pizza Express на Тверской

КИНОПРОСМОТР
День Всех Влюблённых в к/т Фитиль!
Кинотеатр Фитиль

ВЕЧЕРИНКА
День влюблённых на катке «Горки-Город».
Каток «Горки-Город» на Патриарших прудах

ФЕСТИВАЛЬ
Большой запуск небесных фонариков!
М. Коломенская

1 С утра мы сходим на выставку, потом посмотрим фильм, после обеда покатаемся на коньках на Патриарших прудах, а когда стемнеет, нас ждёт красивый вечер, будем пускать в небо фонарики. Пойдёте с нами? Вместе всегда веселее!

2 **Патриа́ршие пруды́** Patriarchenteiche (umg.spr. Bezeichnung für ein altes Stadtviertel mit Teich) – 3 **темне́ть/стемне́ть** dunkel werden – 3 **пуска́ть фона́рики в не́бо** Skylights (Himmelslaternen) aufsteigen lassen

Конечно, вы также можете пользоваться другими возможностями проводить своё свободное время.

13 Где ближайшее интернет-кафе?

Телефонный разговор

– Ксю, привет! Мы только что вышли из кинотеатра «Горизонт». Звоню с Катиного мобильника, поэтому быстро.

– Аа, понятно, привет! Как вам фильм, понравился?

– Фильм был просто супер! Расскажу, как буду дома. Я тут вдруг вспомнил, мне нужно срочно отправить e-mail подруге в Германию, у неё сегодня день рождения – надо обязательно поздравить, а то обидится! Ты не знаешь, есть ли где-нибудь поблизости интернет-кафе? Уже поздно, а до дома ещё час ехать, боюсь не успеть.

– Тааак, кинотеатр «Горизонт» – это ведь недалеко от метро «Фрунзенская», да? Там в здании МДМ – Московского дворца молодёжи есть интернет-кафе.

– Как мне к нему пройти?

– Как дойти до метро, ты же знаешь?

– Да.

– Ну вот. Как выходишь из метро, сразу поворачиваешь направо и поднимаешься по лестнице наверх. Потом тебе нужно будет повернуть за угол, снова направо и идти прямо по галерее до оранжевого штендера, там стрелка указывает на вход в печатный салон. Он находится на втором этаже. Там же и интернет-кафе.

13 **сро́чно** dringend, eilig – 17 **оби́деться** beleidigt sein – 17 **побли́зости** in der Nähe – 26 **повора́чивать/поверну́ть** sich wenden – 27 **по ле́стнице наве́рх** die Treppe hoch – 29 **ште́ндер** Werbeständer – 29 **стре́лка** *hier:* Pfeil – 30 **печа́тный сало́н** Druck- und Kopiershop

– Ясно! А они работают в такое время? Ведь уже почти десять вечера!
– Да, часы работы с 8-00 до 7-00 утра следующего дня.
– Но сегодня же воскресенье!
– Они работают круглосуточно без выходных. Тебе крупно повезло! Так что бегите скорее туда и потом сразу домой, футбол начинается через полтора часа!
– Большое спасибо, ты меня очень выручила! Мы скоро!

Прочитайте информацию об интернет-кафе в Московском дворце молодёжи. Обратите особое внимание на ту информацию, которая вам нужна во время вашего пребывания в Москве: Вы можете здесь сидеть в чате с вашими друзьями? Сканировать и копировать материалы, сохранить ваши фотографии на CD?

«У нас доброжелательная атмосфера и комфортное пространство для эффективного бизнеса и творческого отдыха. К услугам посетителей эргономично расположенные шесть современных компьютеров.

Пожалуйста, ознакомьтесь с нашими ценами (цены указаны за один час, в рублях, минимальный платёж):

Время	Оптима (руб.)
8.00 – 7.00	120

В нашем интернет-кафе вы можете работать с информацией и обрабатывать её в любой форме. Для этого на каждом из компьютеров установлен лицензионный пакет офисных программ. Вы можете сохранить данные и информацию на любых носителях, собственных или приобретённых у нас. А также отсканировать небходимые материалы с сохранением

8 **вы́ручить** (heraus)helfen – 8 **Мы ско́ро!** Мы ско́ро бу́дем до́ма!

в виде изображения или со всеми стилями оформления в формате Word.

Или сделать несколько копий с качеством оригинала на принтере или ксероксе. Технические средства нашего печатного салона делают возможным тиражирование любых чёрно-белых и многоцветных изображений и текстов, и осуществить печать чертежей и плакатов (форматом до A0+, 1114 мм).

В случае каких-либо затруднений и при необходимости Вам помогут наши опытные операторы.

Если Вы работаете с клиентами и партнёрами в разных часовых поясах или стремитесь соблюсти намеченные сроки своих проектов – приходите. Копировальный центр открыт для Вас 24 часа 365 дней в году с небольшим утренним техническим перерывом (с 7.00 до 8.00)».

URL: http://www.mdm-internet.ru/internet-kafe/ (цит. 29.05.2012)

14 Фолк, рок и электронная музыка

Вы, наверное, знаете несколько российских музыкантов. А знаете ли вы этих?

Пелагея – молодая певица, солистка одноимённой группы, исполняющая в стиле фолк-рок русские народные песни, романсы и яркие авторские баллады. Она родилась в Сибири, а живёт сегодня в Москве. У неё очень сильный голос с диапазоном в четыре октавы! Она начала петь, когда ей было 4 года, а в 5 лет её назвали вундеркиндом. Концерты Пелагеи наполнены невероятной энергией и позитивом!

ДДТ – рок-группа, появившаяся в 1980 году. Название группы происходит от инсектицида ДихлорДифенилТрихлорэтан. Тексты автора песен и лидера группы Юрия Шевчука полны искренности, правдивости и справедливости. Шевчук часто работает в Москве. Он выделяется на фоне остальных артистов активной гражданской позицией, критикой политического устройства страны и российских властей. Новая популярная «Песня о свободе» вошла в альбом «Иначе» (2011).

Yuri Kane – популярный русский диджей и транс-продюсер. Успех пришёл к Юрию после его композиции «Right back», ставшей абсолютным хитом электронной музыки не только в России, но и за рубежом. Его музыку поддержали такие мировые диджеи, как Armin van Buuren, Tiesto, Markus Schulz, Above&Beyond, Roger Shah и многие другие.

6 **одноимённый** gleichnamig – 10 **диапазо́н** Umfang – 16 **происходи́ть** *hier:* sich ableiten – 18 **и́скренность** Aufrichtigkeit – 18 **правди́вость** Wahrhaftigkeit – 18 **справедли́вость** Gerechtigkeit, Gerechtigkeitssinn – 19 **выделя́ется на фо́не остальны́х арти́стов** hebt sich von den übrigen Künstlern ab – 21 **устро́йство** Aufbau, Struktur, Ordnung – 22 **ина́че** anders – 26 **подде́рживать/поддержа́ть** unterstützen

15 Добрый вечер, Москва (песня)

Добрый вечер, город мой, околдованный весной.
Город-джаз, город-блюз, город-рок-н-ролл.
Город песен и поэм, тихих парков, старых стен,
Я с тобой в эту ночь побродить пришёл.

Добрый вечер, город мой, околдованный весной.
Город-джаз, город-блюз, город-рок-н-ролл.
Город дивных миражей и танцующих огней,
Пусть поют небеса о любви моей.

Припев:
По переулкам и бульварам горят загадочно огни.
Гуляет дождь по тротуарам, мы с ней на улице одни.
Хэй, город, хэй, бриллиантов не жалей,
Сколько их в танце фонарей.
Шепчет листва непонятные слова,
Это ты мой город – Москва.

Это текст песни группы «Браво» (автор В. Степанцов). В России эта группа пользуется большой популярностью. Вы можете прочитать больше об этой группе и прослушать их хит на страничке http://www.moskva.fm/artist/браво/.

2 **околдо́ванный** (wie) verzaubert – 5 **поброди́ть** spazierengehen – 8 **ди́вный мира́ж** wunderbare Fata Morgana – 11 **переу́лок** Gasse – 11 **горя́т зага́дочно огни́** rätselhafte Feuer brennen – 13 **жале́ть** sparen, geizen – 15 **шепта́ть** flüstern

16 Где учатся в столице?

Вы уже подумали о том, кем вы хотите стать? Где и чему вы хотели бы учиться после школы? На фотографии вы видите здание Московского государственного университета имени М.В. Ломоносова – «одного из старейших, крупнейших и ведущих классических университетов России», как пишут в Википедии. Почему бы не пойти туда учиться?

В сквере перед главным корпусом университета стоит памятник Михаилу Васильевичу Ломоносову. В 1755 году он основал первый в России университет. В связи со своим 250-летним юбилеем в январе 2005 г. университет провёл сотни интересных мероприятий. Кроме лекций, семинаров, домашних работ и зачётов студенты также смогли посетить эти события.

8 **сквер** Grünanlage – 10 **в связи́ с че́м-то** im Zusammenhang mit etw. – 11 **со́тни** hunderte – 13 **зачёт** Prüfung ohne Note, nur „Bestanden"/„Nicht bestanden"; wird jedes Semester in einigen Fächern abgelegt

Весной каждого года МГУ проводит День открытых дверей. Я там была, когда я училась в девятом классе. В актовом зале главного корпуса ректор и деканы университета на Ленинских горах отвечали на вопросы абитуриентов. Даже если вы лично не сможете присутствовать, то вместо этого есть возможность посмотреть видео (http://www.msu.ru/entrance/). На этом сайте, например, можно прослушать приветственную лекцию ректора, познакомиться с деканами факультетов и узнать о правилах приёма в вуз. Конечно, также предлагается очень информативный виртуальный тур по МГУ.

В МГУ можно изучать практически всё: есть механико-математический, физический, химический и биологический факультеты, можно учиться на факультетах журналистики, психологии или политологии, вы можете выбрать геологический, географический и много других факультетов. Существуют факультеты искусств, иностранных языков, истории и экономики. И это ещё не все факультеты и институты!

Между прочим, студенческая жизнь не только «работы и заботы», а также отличная возможность познакомиться со студентками и студентами всего мира!

Куда поступать после 11-го класса? Это сложное и ответственное решение стоит перед всеми выпускниками. Учиться в Москве можно, конечно, не только в МГУ. Можно получить специальность слесаря, столяра или продавца в одной из многочисленных фирм Москвы. Можно поступить в одно из 170 средних специальных учебных заведений, чтобы стать техником, агрономом или экономистом. А можно также выбрать одно из около 270 высших учебных заведений города. Москва – это город студентов!

2 **а́ктовый зал** Aula – 3 **Ле́нинские го́ры** Leninberge (часть а́дреса МГУ, мно́гие москвичи́ Воробьёвы го́ры то́же ещё называ́ют по э́тому сове́тскому и́мени) – 9 **пра́вила приёма** Aufnahmebedingungen – 22 **11-ый класс** э́то в Росси́и выпускно́й год шко́лы – 25 **сле́сарь** Schlosser – 25 **столя́р** Tischler – 27 **учёбное заведе́ние** Bildungseinrichtung

17 Спорт и Олимпийские игры

Я люблю заниматься спортом. Вы тоже любите спорт? С братом я хожу два раза в неделю на тренировку. Волейбольный зал университета, в котором учится мой брат, находится прямо между двумя учебными корпусами. Там у них отличные условия для тренировки. В зале современное синтетическое покрытие Teraflex. Тренеры очень строгие. Тренировка профессиональная, поэтому она всегда довольно напряжённая. Ничего! Зато наша команда успешная. Если есть время, то я иногда иду смотреть спортивные соревнования на стадион «Лужники», который находится недалеко от общежития МГУ. С Воробьёвых гор открывается прекрасный вид с высоты птичьего полёта на стадион и виден силуэт города!

За наиболее интересными спортивными событиями я слежу на моём ноутбуке. Меня интересуют прежде всего, конечно, волейбол, а также лёгкая атлетика и бокс. Да, бокс. Не

6 **покры́тие** Bedeckung, *hier:* Fußboden – 8 **напряжённый** ermüdend, anstrengend – 11 **общежи́тие** (Studenten-)Wohnheim – 14 **следи́ть за че́м-то** etw. verfolgen

удивляйтесь, пожалуйста! Володя, мой парень, любит этот спорт и даже сам немножко занимается боксом. Поэтому мы иногда вместе смотрим бокс. Только что на прошлой неделе, например, мы видели, как Александр Поветкин, чемпион мира в супертяжёлом весе, отстоял свой титул в бою с немцем Марко Хуком. Но любимый боксёр моего молодого человека – это Виталий Кличко, хотя и он не россиянин.

У меня несколько любимых спортсменов и команд. Например, я очень болею за столичные волейбольные команды мужчин и женщин. В России и даже в международных соревнованиях они часто занимают первые места. В 2012 году динамовцы в ответном матче финала победили сильную польскую команду и стали обладателями Кубка ЕКВ. Классно, правда?

Вы знаете прыгунью с шестом Елену Исинбаеву? Она мой настоящий кумир. Она двукратная олимпийская чемпионка, в 2004 и 2008 годах. На чемпионате мира по лёгкой атлетике в Южной Корее Елена заняла только шестое место, но в 2012 году она одержала победу на коммерческом турнире в Стокгольме. Там она установила новый рекорд мира в помещениях – 5,01 метра. Она также установила мировой рекорд по прыжкам с шестом – 5,06 метра!

Зимним спортом мы с Вовой тоже увлекаемся. Русская зима значит много снега и сильные морозы. Одни собираются ловить рыбу на льду, другие, «моржи», встречают Новый год, купаясь в ледяной реке, а мы катаемся на лыжах. Сочи 2014 зовёт!

В 1900 году на летней олимпиаде в Париже российские спортсмены впервые принимали участие в олимпийских играх. А в 1980 году Россия, точнее говоря СССР, принимала летние

9 **боле́ть за кого́-нибудь** Fan sein von jmd. – 12 **отве́тный матч** Rückspiel – 13 **облада́тель Ку́бка ЕКВ** Gewinner des Pokals des CEV (Европе́йская конфедера́ция волейбо́ла Europäischer Volleyballverband) – 14 **пры́гунья с ше́стом** Stabhochspringerin – 18 **одержа́ть** erringen – 19 **установи́ть** aufstellen – 19 **реко́рд ми́ра в помеще́ниях** Hallenweltrekord – 25 **ледяно́й** eisig, eiskalt

Олимпийские игры. Зимние Олимпийские игры в Сочи – это второе олимпийское событие в России. Мы, конечно, очень рады этому, хотя россияне не принадлежат к ведущим странам по некоторым зимним видам спорта.

Зимние Олимпийские игры проходят по семи зимним видам спорта: биатлон, бобслей и скелетон, керлинг, хоккей на льду, санный спорт, конькобежный спорт и лыжный спорт.

С помощью словаря прочитайте отрывок с сайта Зимних игр в Сочи:

«У Игр в Сочи очень высокая планка. Мы должны найти новые решения, которые приведут к существенным, устойчивым и качественным переменам в стране. Изменить отношение к инвалидам, установить стандарты в различных отраслях – экологии, управлении, строительстве. Показать жителям России и всему миру многообразие российской культуры и природы, интеграцию с другими мировыми культурами. Рассказать о новом поколении. Продемонстрировать традиционное российское гостеприимство».

URL: http://www.sochi2014.com/games/brand/ (цит. 29.05.2012)

3 **принадлежа́ть к чему́-нибудь** gehören zu etw. – 3 **веду́щий** *hier:* führend – 7 **са́нный** Schlitten- (са́ни Schlitten) – 10 **пла́нка** (Sprung-)Latte

18 Эколофт – Экологичная жизнь в Москве

Вы, наверное, уже заметили, что в Москве нет отдельных контейнеров для стекла, бумаги, биоотходов. В каждой квартире на кухне стоит мусорное ведро, в него выбрасывают всё, даже батарейки! За потреблением воды тоже не следят. Долго стоять под душем или принимать ванну – в России одно из самых любимых удовольствий. В большинстве квартир отопление, к сожалению, не регулируется, поэтому зимой бывает очень жарко. Чтобы проветрить комнату, приходится открывать окна, а ведь на улице мороз! Нерациональное использование природных ресурсов вредит окружающей среде и человеку. Однако, и в Москве есть неравнодушные к природе люди.

Летом 2010 года на улице Пятницкая, в самом центре города, появился Эколофт. Это пятикомнатная квартира, бывшая коммуналка, в которой живут эко-активисты Таня, Лёля, Василий, Света и Андрей. Они стремятся изменить мир к лучшему. Цель их проекта – уменьшить экологический след и сделать экологический образ жизни популярным. Ребята разделяют мусор (стекло, пластик, алюминий, бумагу) и вывозят его в специальные пункты приёма на переработку. Так материалы могут использоваться несколько раз, и количество отходов не растёт. Батарейки они тоже отдельно собирают и сдают, ведь в них много тяжёлых металлов, отравляющих почву. Кроме того, в квартире стоит водосчётчик – это экономит не только воду, но и деньги. Ребята принимают душ не дольше пяти минут. Свет стараются тоже экономить – все лампочки

1 **Эколо́фт** Aktion „umweltbewusstes Wohnen" – 4 **биоотхо́ды** Bioabfälle – 5 **ведро́** Eimer – 6 **потребле́ние** Verbrauch – 8 **отопле́ние** Heizung – 10 **прове́трить** lüften – 12 **вреди́ть** schaden – 13 **неравноду́шный** nicht gleichgültig – 16 **коммуна́лка** коммуна́льная кварти́ра (früher übliche Wohnung für mehrere Familien mit gemeinsamer Bad-, Toiletten- und Küchenbenutzung) – 18 **след** Spur, *hier:* Fußabdruck – 20 **разделя́ть/раздели́ть** trennen – 21 **пункт приёма** Annahmestelle – 22 **коли́чество** Menge – 24 **отравля́ть/отрави́ть по́чву** den Boden vergiften – 25 **водосчётчик** Wasserzähler

Андрей заменил на энергосберегающие. Вся мебель, а также холодильник, посудомоечная и стиральная машины старые, их подарили – рассказывает Таня.

То есть техника и мебель используются по принципу «reduce» и «reuse», как говорят эколофтовцы. В квартире есть полка otdam_darom (отдам даром), с которой можно взять нужные вам вещи бесплатно.

Моющие средства в Эколофте только из натуральных компонентов. Если кто-то идёт за покупками, то берёт с собой эко-сумку, чтобы не покупать пластиковые пакеты в магазине. Ребята обращают внимание на упаковку и стараются покупать как можно меньше продуктов в пластиковых контейнерах а также выбирают товары местного производства (импортные продукты везут издалека, увеличивается выброс CO_2, загрязняющий окружающую среду и способствующий глобальному потеплению). Петрушку и салат Таня и Роман выращивают на домашнем огороде. Эко-активисты не покупают косметику и бытовую химию, которая тестируется на животных.

В большой эко-гостиной часто собираются друзья и единомышленники. Здесь проходят эко-семинары и показы фильмов, креативные встречи и работы над проектами. Так эколофтовцы делятся своим опытом и распространяют зелёные идеи. Одним из результатов их активной деятельности стал ещё один эколофт в Краснодаре.

Кстати, почти все ребята ездят по городу на велосипедах. О кампании в поддержку велосипедного движения в России «Let‘s bike it!» вы можете узнать на сайте http://letsbikeit.ru.

1 **энергосберега́ющий** energiesparend – 2 **стира́льная маши́на** Waschmaschine – 6 **да́ром** umsonst – 8 **мо́ющее сре́дство** Waschmittel – 14 **вози́ть/везти́** transportieren – 14 **увели́чивается вы́брос** der Ausstoß erhöht sich – 16 **петру́шка** Petersilie – 17 **дома́шний огоро́д** Fensterbrettgarten – 18 **бытова́я хи́мия** Haushaltchemie – 21 **единомы́шленник** Gleichgesinnter – 27 **подде́ржка** Unterstützung

19 Русские писатели о Москве

Многие русские писатели рассказывали о Москве. Ведь «Москва всем городам мать», как говорится в пословице.

Например, в своём гениальном романе в стихах «Евгений Онегин» великий поэт Александр Сергеевич Пушкин (1799-1837) признался в своей любви к городу так: «Москва, я думал о тебе! / Москва… как много в этом звуке / Для сердца русского слилось! / Как много в нём отозвалось!»

Знаменитый писатель, публицист и философ Александр Герцен (1812-1870) подчеркнул уникальность Москвы в сравнении города с Санкт-Петербургом, столицей России с 1712 по 1918 год: «Одна из отличительных черт Петербурга от прочих новых городов всей Европы состоит в том, что он на все похож, тогда как Москва ни на какой не похожа – ни в Европе, ни в Азии». (Из: «Станция Едрово». 1846).

В своих романах и рассказах много русских авторов описывают жизнь москвичей. Иногда уже из названий можно угадать о содержании их произведений: «Дети Арбата» Анатолия Рыбакова (на основе этого романа был снят многосерийный художественный фильм), «Дом на набережной» Юрия Трифонова (бывший Дом Правительства, в котором автор жил некоторое время, см. фото наверху), сборник рассказов «Сахарный кремль» Владимира Сорокина и много других.

6 **призна́лся в свое́й любви́** erklärte seine Liebe – 8 **сли́яться** zusammenfließen – 8 **отозва́ться** widerhallen – 10 **подчеркну́л уника́льность** unterstrich die Einzigartigkeit – 12 **отличи́тельная черта́** Unterscheidungsmerkmal – 12 **про́чий** друго́й – 20 **угада́ть** (er)raten – 27 **сбо́рник** Sammlung, Sammelband

Прочитайте отрывки из произведений избранных старых и современных писателей и поэтов России.

Михаил Лермонтов (1814-1841)

Москва, Москва!.. люблю тебя как сын,
Как русский, – сильно, пламенно и нежно!
Люблю священный блеск твоих седин
И этот Кремль зубчатый, безмятежный. […]
Ты жив!.. Ты жив, и каждый камень твой –
Заветное преданье поколений […]
(1835-1836)

Марина Цветаева (1892-1941)

Москва! Какой огромный
Странноприимный дом!
Всяк на Руси – бездомный.
Мы все к тебе придём. […]
(1911-1912)

Марк Лисянский (1913-1993)

Я люблю подмосковные рощи
И мосты над твоею рекой.
Я люблю твою Красную площадь
И кремлёвских курантов бой.
В городах и далёких станицах
О тебе не умолкнет молва,
Дорогая моя столица,
Золотая моя Москва! […]
(1941-1942)

1 **и́збранный** ausgewählt – 9 **заве́тное преда́нье поколе́ний** Vermächtnis der Generationen – 13 **странноприи́мный** gastfreundlich zu Fremden – 14 **вся́кий** ка́ждый – 18 **ро́ща** Hain, Wäldchen – 21 **кура́нтов бой** das Schlagen des Glockenspiels – 22 **стани́ца** Siedlung, Dorf – 23 **не умо́лкнет молва́** die Rede verstummt nie

Булат Окуджава (1924-1997)

Песенка об Арбате

Ты течёшь, как река. Странное название!
И прозрачен асфальт, как в реке вода.
Ах, Арбат, мой Арбат,
ты – моё призвание.
Ты – и радость моя, и моя беда. […]

От любови твоей вовсе не излечишься,
сорок тысяч других мостовых любя.
Ах, Арбат, мой Арбат,
ты – моё отечество,
никогда до конца не пройти тебя!
(1959)

Владимир Соколов (1928-1997)

Какая маленькая ты у нас, Москва!
Великий город на планете.
Здесь ни при чём какие-то слова
Про те твои заслуги или эти…
Какая маленькая ты у нас, Москва!

Среди высоких белоснежных башен
Стоишь, домами старыми кренясь,
Стоишь и будешь так стоять, крепясь.
Тебе их рост младенческий не страшен.
Такая маленькая ты у нас! […]
(1979)

4 **прозра́чный** durchsichtig – 6 **призва́ние** Berufung – 7 **беда́** Elend, Unglück – 8 **излечи́ться** geheilt werden – 9 **мостова́я** Straßenbelag, *hier:* Straße – 18 **заслу́га** Verdienst – 21 **крени́ться** schief werden

А вот не менее интересные и актуальные отрывки из публицистических текстов. В них авторы оценивают развитие города сегодня, в начале XXI столетия.

Андрей Монастырский (р. 1949), поэт, художник

«Если стоять рядом со зданием Лукойла… и смотреть в сторону Сокольников вдоль правой стороны проспекта Сахарова (фото), обнаруживается цепь длиной 3,7 км из больших зданий и высоких башен. […]
Это чувство другого города очень неопределённо, оно скорее психоделическое, чем географическое: точно, что это не Европа, может быть, какая-то мифическая Америка, Чикаго, например, но не в смысле реальной похожести, а в смысле каких-то давних, ещё советских времён представлений и фантазий о, скажем, Чикаго (именно в поэтическом смысле ощущения пространств)». (© «Город Эм. Андрей Монастырский», журнал «Афиша. Все развлечения Москвы», №4(268) от 5 марта 2010)

Kiara (никнейм неизвестного блогера)

«Москва, Москва… как много в этом звуке… Да ничего в нём не слилось и уж тем более ничего не отозвалось! По крайней мере, для меня. Это пустой, холодный, жестокий город. И единственное, что в нём может отозваться, так это шум в ушах от сотен, а скорее тысяч машин. Даже когда хочется просто посидеть в тишине, посмотреть в окно, то вместо заветного отключения от мира ты слышишь железные монстры, а если

2 **оце́нивать** einschätzen – 6 **Луко́йл** einer der größten Erdölkonzerne Russlands – 13 **психодели́ческий** psychodelisch, unter Drogen wahrgenommen – 15 **мифи́ческий** mythisch – 15 **смысл** Sinn – 16 **похо́жесть** Ähnlichkeit – 16 **да́вний** uralt – 18 **ощуще́ние простра́нства** Raumempfinden – 22 **Москва́, Москва́… как мно́го в э́том зву́ке** Moskau, Moskau … wie viel steckt in diesem Wort (A. Puschkin: Eugen Onegin) – 24 **жесто́кий** grausam – 25 **шум** Lärm – 27 **заве́тное отключе́ние** ersehnte Abgeschiedenheit

взглянешь в небо, с надеждою увидеть там звёзды, то вновь разочаруешься: на ..., даже не знаю как назвать цвет такого неба, какое-то оно мертвенно-серое от смога и выхлопных газов... уж какие там звёзды!? Только вдалеке мелькают огоньки от телебашни и вершина Кремля. [...]» URL: http://www.sunhome.ru/prose/moskva.html?print (цит. 29.05.2012)

Если вы спросите меня, ребята, я скажу вам, что Андрей Монастырский и Kiara правы. То, что они говорят, на самом деле правда. Москвичи очень любят свой город. Москва прекрасна! Но за последние годы появилось столько монстров-гигантов, что старого города почти уже не видно. От этого становится грустно!

Есть, конечно, и люди, приходящие в восторг от этих высоких новостроек из стекла и металла. Вот видите, москвичи расходятся во мнениях. Так что лучше судите сами!

1 **взгляну́ть** (an)blicken – 2 **разочарова́ться** enttäuscht sein – 3 **мёртвенный** totenblass – 3 **выхлопны́е га́зы** Abgase – 4 **вдалеке́ мелька́ют огоньки́** von fern blinken die Lichter – 5 **верши́на** Gipfel, Spitze – 8 **на са́мом де́ле** tatsächlich – 13 **приходи́ть в восто́рг** in Begeisterung ausbrechen – 14 **стекло́** Glas – 15 **расходи́ться** auseinandergehen – 15 **суди́ть** urteilen, beurteilen

20 Москва читает газеты и журналы

Читать газеты интересно! В Москве печатается, издаётся и продаётся очень большое количество газет и журналов. Когда же их успевают читать? Чтение газет за завтраком – это редкость. По утрам всё происходит в спешке, поэтому москвичи читают обычно в дороге, пока едут на работу или домой. 40-45 минут (а ведь в среднем в нашем городе именно столько времени занимает дорога до места работы) хватает для того, чтобы прочитать пару статей. Кто-то читает из интереса, а кто-то просто, чтобы проснуться. А если в транспорте почитать не удаётся, на это всегда найдётся время на остановке автобуса, в метро или у парикмахера (☺).

3 **печáтать** drucken (печáтный gedruckt) – 3 **издавáть** herausgeben (издáние Ausgabe) – 6 **рéдкость** Seltenheit – 6 **спéшка** Eile, Hast – 7 **в дорóге** unterwegs – 8 **в срéднем** im Durchschnitt – 8 **и́менно стóлько** genau so viel – 11 **проснýться** *hier:* munter werden – 12 **не удаётся** gelingt nicht

Периодические издания можно приобрести в Москве не только в специальных киосках. Газеты и журналы продаются чуть ли не на каждом шагу.

Например, в метро почти на любой станции можно увидеть стенд с газетами и журналами, а также на улице перед входом в подземку. Вот некоторые из них: «Коммерсант», «Независимая газета», «Российская газета», «РБК daily», журналы «Эксперт», «Итоги». Эти издания читают в основном люди с хорошим образованием, политики, представители деловых кругов. Есть и журналы, посвящённые какой-то одной тематике: о спорте, о компьютерах, журналы о свадьбе и о семье, автожурналы и т.д.

Вы, конечно, слышали о таких газетах, как «Комсомольская правда», «Московский комсомолец» или «Аргументы и факты». Существует и жёлтая пресса в России. Образцом скандальной, бульварной прессы является, например, газета «Жизнь».

Отдельную нишу занимают газеты и журналы, которые предпочитает молодёжь. Во многих молодёжных изданиях мне нравится то, что в них смело и открыто высказываются разные мнения на острые темы.

Кроме привычных глянцевых журналов типа «Glamour», «Esquire», «Cosmopolitan», «Psychologies», «ГЕО» и других существует много альтернативных изданий. Весьма интересной бесплатной газетой о русском интернете считается

6 **подзе́мка** *umg.spr.* U-Bahn – 7 **РБК** РосБи́знесКонса́лтинг – 8 **ито́г** Ergebnis – 9 **представи́тели деловы́х круго́в** Geschäftsleute – 10 **посвящённый** gewidmet – 14 **комсомо́лец** Komsomolze (Mitglied des kommunistischen Jugendverbands) – 20 **ни́ша** Nische, (Markt-)Lücke – 23 **сме́ло** kühn, mutig – 24 **выска́зывать** bekunden, sagen – 24 **о́стрый** *hier:* brandaktuell – 25 **привы́чный** üblich – 25 **гля́нцевый** Hochglanz- – 27 **весьма́** überaus, sehr

еженедельная газета «F5» (http://f5.ru/magazine). Её печатную версию можно найти, например, в аэропортах «Шереметьево» и «Домодедово», в суши-ресторанах «Тануки» и «Якитория», а также в спорт-баре «Кружка», в кафе «Шоколадница», «Кофе хауз» и других кафе и ресторанах. Вообще, читать газеты за чашкой кофе – сейчас весьма модное среди молодёжи занятие.

Недавно появившийся «Green Journal» о вегетарианстве, экологии, животных, искусстве, спорте, йоге, рецептах распространяется из «зелёных» соображений только в pdf-формате: http://green-journal.ru/. А одним из самых, на мой взгляд, сильных молодёжных журналов является «Большой город». Из журнала вы узнаете о самых важных тенденциях, проблемах, процессах, изменениях в жизни Москвы.

Тексты для «БГ» пишут профессиональные журналисты, и пишут они на очень интересные и важные темы, в том числе социальные. В рубриках «деньги», «жильё», «учёба», «культура», «путешествие» и «еда» представлена практическая информация для жизни в столице. С конца 2010 года журнал распространяется бесплатно. Здесь можно посмотреть, по каким адресам можно найти свежий номер журнала: http://www.bg.ru/distribution/. На него, как и на многие другие журналы, также возможно оформить подписку. Если хотите, то и вы можете подписаться на одно из этих изданий.

Но, конечно, почти все газеты или журналы доступны сейчас и в печатном, и в электронном формате. Выбор за вами!

11 **соображе́ние** Erwägung, Grund – 24 **распространя́ть** verbreiten, verteilen – 27 **подпи́ска** Abonnement (подписа́ться abonnieren) – 29 **досту́пный** zugänglich, verfügbar

21 Гёте также найдёшь в Москве

Я не раз бывала в Германии, по школьному обмену, а также как турист. Для поездки в Германию, однако, россиянам нужна виза, как и немцам, желающим приехать к нам.

Каждый раз приходя за визой в консульский отдел посольства Германии в Москве, мы невольно оглядывались на «Гёте». По сравнению с суровыми сотрудниками посольства «Гёте» казался приветливым, вежливым и очень гостеприимным, и мы улыбались, вспоминая весёлые занятия на курсах немецкого языка и многочисленные конкурсы.

Как вы уже безусловно догадались, «Гёте», о котором идёт речь, – это Гёте-институт, независимая общественная организация Германии. В мире очень много Гёте-институтов – 149, а в Москве – он один из самых больших.

5 **ко́нсульский отде́л** Konsularabteilung – 6 **нево́льно** unwillkürlich – 6 **огля́дываться** auf etw. blicken – 7 **суро́вый** streng – 8 **приве́тливый** freundlich – 8 **ве́жливый** zuvorkommend, höflich – 8 **гостеприи́мный** gastfreundlich – 11 **безусло́вно** zweifellos – 11 **догада́ться** erraten – 12 **незави́симый** unabhängig – 12 **обще́ственный** gesellschaftlich (о́бщество Gesellschaft)

Какие же задачи у Гёте-института?

Как написано на русскоязычной страничке организации, Институт имени Гёте «представляет миру многогранный образ своей страны за её пределами: организует обучение немецкому языку, знакомит с общественной и культурной жизнью Германии, а также содействует международному сотрудничеству в сфере культуры. Руководствуясь своей задачей посланника Германии в мире, мы обращаемся к языку и культуре как к инструментам диалога».

Кроме языковых курсов и возможности сдать экзамены на любой уровень владения языком от A1 до C2, Гёте-институт организует различные проекты, например «Респект» – комиксы из разных стран мира на разные социальные темы.

А ещё здесь находится редакция увлекательного молодёжного интернет-портала Точка-Treff, над которым работают молодые журналисты из России, Германии и стран СНГ. Вы тоже можете принять участие!

На территории Гёте-института можно заметить аккуратный ярко-оранжевый домик – это библиотека, там есть всё: литература Германии, Австрии и Швейцарии, учебные материалы, журналы и газеты, аудиокниги и даже документальные и художественные фильмы на DVD. Кстати, о фильмах: по программе «19-19», каждый месяц 19 числа в 19 часов вечера в Гёте-институте проходит бесплатный показ кино. Также каждый год проводится Праздник Лета (Sommerfest), и прийти на него может любой!

Ну что, встретимся у Гёте?!

3 **представля́ть** *hier:* vermitteln – 3 **многогра́нный о́браз** vielseitiges Bild – 4 **преде́л** Grenze – 4 **обуче́ние** Unterricht, Lehren – 6 **соде́йствовать** beitragen – 7 **сотру́дничество** Zusammenarbeit – 7 **руково́дствоваться** sich leiten lassen von etw. – 8 **посла́нник** Botschafter – 11 **у́ровень владе́ния языко́м** Grad der Sprachbeherrschung – 16 **СНГ** (Содру́жество Незави́симых Госуда́рств) GUS, seit 1991 ein Zusammenschluss verschiedener Nachfolgestaaten der Sowjetunion

22 Сказочная Москва – Москва в сказках

Москва сказочная! Вы мне не верите? Слушайте! Несколько лет назад РИА Новости сообщили, что трамвай «Ну, погоди!» – второй в Москве, оформленный по мотивам детских книжек и мультфильмов. Я люблю сказки. Поэтому я заинтересовалась этим. Прочитайте отрывок из сообщения сами.

Проект «Сказочный трамвайчик» создан для того, чтобы возродить любовь к книге, к семейному чтению, сделать мир красивее и ярче, привить детям эстетический вкус, да и просто поднять настроение окружающим, – говорится в сообщении. Салоны «сказочных трамваев» будут расписаны

4 **РИА Но́вости** eine der größten Nachrichtenagenturen in Russland – 9 **возроди́ть** wiederbeleben – 10 **приви́ть** beibringen, anerziehen – 11 **подня́ть** (an)heben – 11 **окружа́ющие** *hier:* Passagiere

иллюстрациями из мультфильмов или фразами из сказок, а в специальных карманах будут лежать книжки со сказками, которые можно будет не только почитать, но и взять с собой. [...] Также по московским маршрутам будут ходить трамваи, посвящённые Бременским музыкантам, Теремку, Чебурашке и крокодилу Гене, попугаю Кеше.

Трамваи стали вторым видом столичного транспорта, который оформлен по мотивам книжек. В мае 2008 года состав «Читающая Москва», расписанный изображениями героев и отрывками из произведений русских и зарубежных классиков, начал курсировать по Кольцевой линии Московского метрополитена. На стенах вагонов поезда москвичи могут прочесть отрывки из былин «Илья Муромец и Соловей Разбойник», «Добрыня и змей» и увидеть персонажей народных сказок – Колобка, Царевну-лягушку, Ивана-царевича.

URL: http://www.ria.ru/moscow/20090912/184694361.html (цит. 29.5.2012)

Вы наверняка знаете зайца и волка из весёлого мультсериала «Ну, погоди!» А слышали ли вы или, может быть, даже читали такие русские былины, как «Илья Муромец и Соловей Разбойник», «Добрыня и змей»?

У нас их знает каждый Иванушка, так же как и сказки русских и зарубежных писателей: Александра Пушкина, Льва Толстого, Даниила Хармса, Самуила Маршака, Андерсена, братьев Гримм и других. Они не сходят с полок магазинов и живут почти в каждой детской комнате. Колобок, Царевна-лягушка, Иван-царевич, Теремок, Чебурашка, крокодил Гена – это те герои из книг и мультфильмов, на которых у нас вырастают дети. А у

9 **состáв** (U-Bahn-)Zug – 11 **Кольцевáя лúния** (U-Bahn-)Ring – 13 **былúна** Sage – 19 **мультсериáл** Trickfilmserie – 22 **разбóйник** Räuber – 22 **змей** Drache – 23 **кáждый Ивáнушка** jedes Hänschen, *hier:* jedermann

подростков к ним присоединяются ещё и Гарри Поттер, Момо, Шрек, гоблины, хоббиты и другие.

Москва – «сказочная» не только в этом отношении.

Есть, например, в Москве «Московский государственный детский Сказочный театр», один из самых известных кукольных театров для детей, который был основан в 1989 году. Весной 2012 года стартовал «Конкурс на лучшую twitter-сказку о Москве» в рунете. В театре Русский Терем показывают сказку-мюзикл «Василиса Прекрасная». Новогодний детский мюзикл «Снежная сказка» уже завоевал сердца десятков тысяч маленьких москвичей. Сказочные костюмы для взрослых и детские костюмы сказочных персонажей предлагаются на прокат. В Доме сказок можно отметить день рождения ребёнка или провести детский праздник. Существует большое число ресторанов, кафе, саун, клубов и других учреждений, которые носят названия сказок или имена сказочных персонажей: Баба Яга, Василиса Прекрасная, Илья Муромец и много других.

Теперь вы понимаете, почему я называю мой город «сказочным»? Не только из-за прекрасных улиц, чудесных скверов и старых-престарых зданий, но и потому, что практически повсюду в Москве можно попасть в сказку.

1 **подро́сток** Jugendlicher – 1 **присоединя́ться** sich anschließen – 3 **отноше́ние** *hier:* Hinsicht – 8 **руне́т** russisches Internet – 11 **взро́слый** Erwachsener – 13 **прока́т** Ausleihe

23 Москва всем городам мать (пословицы)

Вы ведь уже заметили это, ребята? Россияне любят в своей речи употреблять пословицы. У русских есть десятки тысяч пословиц! Из учебника вы, может быть, ещё помните эти пословицы:

Всяк кузнец своего счастья.

Повторение – мать учения.

Всему своё время.

Пока вам в этой книге встретилось «Умеешь работать, умей и отдыхать», а также две пословицы о Москве:

Не вдруг Москва строилась.

Москва всем городам мать.

В произведениях русских писателей можно часто встретить пословицы. Например, Лев Николаевич Толстой постоянно обращался к крылатым словам и выражениям. Всю свою жизнь он изучал русский язык и собирал слова, пословицы и поговорки. В разговоре он нередко приводил пословицы.

О городе Москве есть много пословиц и дразнилок. Прочитайте три из них и постарайтесь понять их смысл.

Кто в Москве не бывал, тот и красоты не видал.

От малой искры Москва горела.

Москва слезам не верит.

Первая пословица понятна, правда? А вторая? Происхождение этой пословицы связано с большим пожаром 1812 года. Прочитайте, что об этом пишут в Интернете: «Уже днём 2 сентября в пустом городе вспыхнули первые пожары. К вечеру огромный город запылал. Начался знаменитый московский пожар, который продолжался неделю. Из 9151 дома, бывшего в Москве в то время, сгорело 6496. Полностью выгорели Арбат, Пречистенка, центр Москвы, Таганка, Замоскворечье, сгорели все улицы по линии движения французской армии…»
URL: http://voynablog.ru/2011/11/25/pozhar-moskvy-v-1812-godu/ (цит. 29.5.2012)

7 **крыла́тое сло́во** geflügeltes Wort – 7 **выраже́ние** Ausdruck – 9 **погово́рка** Redewendung – 10 **дразни́лка** Neckspruch – 11 **постара́ться** sich bemühen – 13 **ма́лая и́скра** kleiner Funke – 13 **горе́ть** brennen – 14 **слёза** Träne – 18 **вспы́хнуть** ausbrechen, *hier:* in Brand geraten – 19 **запыла́ть** entflammen

Пословицы, конечно, употребляются и в переносном значении. «От малой искры Москва горела» значит, что даже ничтожные причины иногда могут привести к серьёзным последствиям.

А третья пословица о Москве? «Москва слезам не верит» – это название известного художественного фильма. Говорится, когда чьи-либо беды и страдания не вызывают сочувствия. Для иллюстрации прочитайте отрывок из рассказа «Воительница» Николая Лескова (1831-1895).

— Взгляните, — говорит, — на мои слёзы.
— Что ж, — говорю, — дружок, слёзы? — слёзы слезами, и мне даже самой очень тебя жаль, да только Москва слезам не верит, говорит пословица. Под них денег не дадут.

Знаете, ребята, моя мама мне очень помогала в подготовке к вашему прибытию в Москву и в работе над этой книжкой. Поэтому разрешите мне добавить три пословицы, в которых слово «мать» употребляется символом всего доброго:

Сыр калача белее, а мать всех друзей милее.

Птица радуется весне, а мать – деткам.

Сердце матери греет лучше солнца.

Вам нравятся эти пословицы? Попробуйте использовать ту или иную пословицу в вашей речи, ведь

Речь красна поговоркой.

1 **перено́сный** übertragen – 2 **ничто́жные причи́ны** nichtige Ursachen – 3 **после́дствие** Folge – 6 **чьи́-либо бе́ды и страда́ния** jemandes Not und Elend – 6 **не вызыва́ют сочу́вствия** rufen kein Mitleid hervor – 7 **воительница** Kriegerin, Heldin – 10 **дружо́к** mein lieber Freund – 15 **доба́вить** hinzufügen – 17 **кала́ч** Kalatsch (Weißbrotsorte) – 19 **греть** wärmen – 20 **тот и́ли ино́й** der eine oder andere

24 Я знаю Москву (викторина)

Теперь вы наверняка сможете ответить на эти вопросы правильно. Удачи!

1. Какой город по своему населению самый большой в Европе?
а) Лондон б) Москва в) Париж

2. В 2010 году население Москвы насчитывало …
а) 12 млн чел. б) 14 млн чел. в) 18 млн чел.

3. Сколько народов и народностей насчитывается в столице?
а) ок. 80 б) ок. 110 в) ок. 160

4. В марте 2012 года Президентом Российской Федерации был избран кандидат от партии Единая Россия…
а) В. Путин. б) В. Медведев. в) М. Горбачёв.

5. Крупнейший аэропорт РФ по объёму пассажиропотока – это…
а) Домодедово. б) Шереметьево. в) Внуково.

6. Какое из этих зданий не принадлежит к «семи сёстрам»?
а) МИД б) МГУ в) ГУМ

7. Самое высокое здание Москвы-Сити достигает высоты…
а) свыше 500 м. б) около 660 м. в) почти 800 м.

8. Что значит «кремль»?
а) дворец б) церковь в) укрепление

9. Сегодня Государственный Кремлёвский дворец – это…
а) концертный зал. б) музей. в) дом правительства.

10. Кто в 1147 году основал Москву?
а) Екатерина II б) Пётр I Великий в) Юрий I Долгорукий

11. Какой музей вы видите на фотографии?
а) музей Александра Пушкина
б) музей Михаила Глинки
в) Третьяковскую галерею

12. Как называется музей, посвящённый жертвам сталинских репрессий?
а) музей истории ГУЛАГа
б) Государственный Исторический музей
в) музей Великой Отечественной войны

13. Первый в мире искусственный спутник Земли был запущён в России…
а) в 1951 году. б) в 1957 году. в) в 1964 году.

14. Какой из них не кинотеатр?
а) Фитиль б) Мосфильм в) Художественный

15. Откуда происходит название московской рок-группы «ДДТ»?
а) Добрый день, товарищи!
б) Давай, давай, трудись!
в) ДихлорДифенилТрихлорэтан

16. Дополните три строчки припева из песни «Добрый вечер, Москва» подходящими словами.

По переулкам и бульварам горят загадочно огни.

Гуляет дождь по тротуарам, мы с ней на улице _________ (а).

Хэй, город, хэй, бриллиантов не жалей,

Сколько их в танце ________________________________ (б)

Шепчет листва непонятные ____________________________ (в),

Это ты мой город – Москва.

а) все дни / одни / звони
б) фонарей / батарей / слесарей
в) дрова / права / слова

17. В России школьники обычно поступают в вуз после…
а) 11-го класса. б) 12-го класса. в) 13-го класса.

18. В каком году М.В. Ломоносов основал первый в России университет?
а) 1703 б) 1755 в) 1805

19. Как называется Олимпийский комплекс неподалёку от Воробьёвых гор?
а) Лыжники б) Луженки в) Лужники

20. Назовите место проведения Зимних Олимпийских игр 2014 года.
а) Сочи б) Москва в) Оймякон

21. «Эколофт» посвящается проблемам…
а) леса и экологии.
б) города и жилья.
в) воды и экономии.

22. Кто написал песенку об Арбате?
а) М. Лисянский б) В. Соколов в) Б. Окуджава

23. Одним из самых сильных молодёжных журналов является…
а) «РБК daily». б) «Коммерсант». в) «Большой город».

24. Героями какого известного мультфильма являются заяц и волк?
а) «Илья Муромец»
б) «Ну, погоди!»
в) «Царевна-лягушка»

25. Дополните эти пословицы.

а) «Повторение ________________________________».

б) «Умеешь работать, ____________________________».

в) «Кто в Москве не бывал, _______________________».

Дорогие читатели!

Вы дали правильные ответы на наши вопросы? Я очень надеюсь, что вам скоро удастся приехать в наш прекрасный город и тогда мы обязательно увидимся!

До скорой встречи!

Ваша Ксю

Ответы

Посмотрите и угадайте!
1. Москва-Сити, 2. Московский государственный университет имени М.В. Ломоносова, 3. Соборный храм Христа Спасителя, 4. Государственный Исторический музей

24 Я знаю Москву – Викторина
1. б), 2. а), 3. в), 4. а), 5. а), 6. в), 7. б), 8. в), 9. а), 10. в), 11. в), 12. а), 13. б), 14. б), 15. в), 16. а) одни, б) фонарей, в) слова, 17. а), 18. б), 19. в), 20. а), 21. б), 22. в), 23. в), 24. б), 25. а) … мать учения. б) … умей и отдыхать. в) … тот и красоты не видал.

Text- und Bildquellennachweis

Textquellen und weiterführende Lektüre:
http://www.moscow.gks.ru (Москва в цифрах)
http://www.mdn.ru/cntnt/blocksleft/menu_left/moskow.html (Московский Дом национальностей)
http://www.echo.msk.ru/blog/vybor/864483-echo/ (выборы Президента РФ в 2012 г.)
http://www.gkd-kremlin.ru (Государственный Кремлёвский дворец)
http://realty.lenta.ru/news/2012/01/19/snos/ (незаконные постройки в Москве)
http://www.detectivno.ru/about (детективное агентство в Москве)
http://www.polina-dashkova.ru/ (официальный вебсайт П. Дашковой)
http://www.tours.kremlin.ru/#/ru&1_5 (история Кремля и виртуальный тур)
http://www.kremlion.ru/praviteli/yuriydolgorukiy/ (Ю. Долгорукий)
http://www.bestpeopleofrussia.ru/persona/Yuriy-Dolgorukiy/bio/
http://www.museum.ru/ (музеи Москвы)
http://www.vashdosug.ru/msk/exhibition/place/48198/ (музей «Мосфильм»)
http://www.afisha.ru/ (развлечения Москвы)
http://www.fpark.ru/ (Фэнтази-парк)
http://www.lookatme.ru/cities/moscow/events/ (афиша мероприятий в Москве)
http://www.mdm-internet.ru (интернет-кафе в Московском дворце молодёжи)
http://www.moskva.fm/artist/браво/ (о группе «Браво»)
http://www.msu.ru/ (Государственный университет им. М.С. Ломоносова)
http://www.ria.ru/spravka/20120306/585802409.html (биография Е. Исинбаевой)
http://www.volley.ru (Всероссийская федерация волейбола)
http://www.sochi2014.com (сайт Зимних Олимпийских игр в Сочи)
http://www.ecoloft.livejournal.com (Эколофт)
http://www.moscow.gramota.ru/poet00.shtml (отрывки из стихотворений Пушкина, Лермонтова, Цветаевой, Лисянского и Окуджавы)
http://www.afisha.ru/article/6690/ (эссе П. Пепперштейна: Пресня – Белый дом – площадка перед Белым домом – Кремль)
http://www.afisha.ru/article/6688/ (эссе А. Монастырского: Чистые пруды – Сокольники)
http://www.sunhome.ru/prose/moskva.html?print (блог)
http://f5.ru/magazine (еженедельная газета «F5»)
http://www.bg.ru/ (журнал «Большой город»)
http://www.goethe.de/ins/ru/mos/uun/ruindex.htm (Гёте-институт в Москве)

http://www.ria.ru/moscow/20090912/184694361.html (трамваи с мотивами сказок)
http://www.voynablog.ru/2011/11/25/pozhar-moskvy-v-1812-godu/ (пожар Москвы в 1812 году)
http://www.poskart.ru/ (сборник русских пословиц и поговорок)
Berthelmann, G. und R.: Russische Sprichwörter und Redewendungen. Russisch/ Deutsch. Philipp Reclam jun. Stuttgart 2010
Муравьев, В. Ю.: История Москвы в пословицах и поговорках. Алгоритм. Москва 2007

Sollte es in einem Einzelfall nicht gelungen sein, den korrekten Rechteinhaber ausfindig zu machen, so werden berechtigte Ansprüche selbstverständlich im Rahmen der üblichen Regelungen abgegolten.

Bildquellennachweis

6.1 FotoSoyuz Agency, Moscow; **6.2** Fotobank Lorie (Yuri Arcurs/Legion Medien), Moskau; **11.1** iStockphoto (Irina Afonskaya), Calgary, Alberta; **11.2** Fotolia.com (Olgavolodina), New York; **11.3** Fotolia.com (neirfy), New York; **11.4** Fotolia.com (HappyAlex), New York; **12** iStockphoto (Dmitry Mordvintsev), Calgary, Alberta; **13** shutterstock (sh.el.photo), New York, NY; **14** shutterstock (Tatiana Popova), New York, NY; **15** shutterstock (versh), New York, NY; **16.1** shutterstock (Khafizov Ivan Harisovich), New York, NY; **16.2** PantherMedia GmbH (Evgeny Dubinchuk), München; **17** shutterstock (Valery Shanin), New York, NY; **18.1** CC-BY-SA-3.0 (A.Savin), siehe *3; **18.2** dreamstime.com (Valery Shanin), Brentwood, TN; **20.1** iStockphoto (toxawww), Calgary, Alberta; **20.2** FotoSoyuz Agency, Moscow; **20.3** Klett-Archiv (Robert Blumenau, Halle), Stuttgart; **20.4** Imago (Itar-Tass), Berlin; **23** Fotolia.com (Oleg Doroshin), New York; **24.1** shutterstock (Nickolay Vinokurov), New York, NY; **24.2** Klett-Archiv (Jana Kohl), Stuttgart; **25.1** Klett-Archiv (Sebastian Wagner, Halle), Stuttgart; **25.2** shutterstock (VLADJ55), New York, NY; **26** shutterstock (Tasha2030), New York, NY; **27** shutterstock (Stoyanov Alexey), New York, NY; **29** Fotobank Lorie (Natalia Volkova), Moskau; **30.1** laif (Jeremy Nicholl), Köln; **30.2** dreamstime.com (Dobroe), Brentwood, TN; **31.1** iStockphoto (Valery Popov), Calgary, Alberta; **31.2** PantherMedia GmbH (Evgeniy Igoschin), München; **32** dreamstime.com (Pavel Losevsky), Brentwood, TN; **33** FotoSoyuz Agency, Moscow; **35** shutterstock (MaszaS), New York, NY; **36** shutterstock (Losevsky Photo and Video), New York, NY; **37.1** shutterstock (Everett Collection), New York, NY; **37.2** shutterstock (Dudarev Mikhail), New York, NY; **37.3** iStockphoto (Gene Chutka), Calgary, Alberta; **37.4** shutterstock (Magdanatka), New York, NY; **38.1** Getty Images (Oleg Nikishin/Pressphotos), München; **38.2** Fotobank Lorie (Aleshin Oksana), Moskau; **38.3** VISUM Foto GmbH (Liba Taylor), Hamburg; **38.4** Thinkstock (istockphoto), München; **38.5** Picture-Alliance (Britta Pedersen dpa/lbn), Frankfurt; **39** Fotobank Lorie (Yuri Arcurs/Legion Medien), Moskau; **41** shutterstock (YanLev), New York, NY; **42** Rosfoto Ltd - RM, Moskau; **43** Rosfoto Ltd - RM (Kirsanov Yuri), Moskau; **44** shutterstock (S.Borisov), New York, NY; **46** iStockphoto (Ivan Rubanov), Calgary, Alberta; **48** Imago (Chernykh), Berlin; **51** CC-BY-SA-3.0 (A.Savin), siehe *3; **52.1** Alamy Images (Joeri DE ROCKER), Abingdon, Oxon; **52.3** CC-BY-3.0 (Mikhail Shchepkin), siehe *1; **53.1** Imago (imagebroker), Berlin; **53.2** shutterstock (Andrey Bayda), New York, NY; **54** Fotobank Lorie (Sinitsyn Igor), Moskau; **55** shutterstock (Juliya Shangarey), New York, NY; **56** Corbis (ITAR-TASS/Anton Novoderezhkin), Düsseldorf; **57** Klett-Archiv (Robert Blumenau, Halle), Stuttgart; **58** Klett-Archiv (Anna Gorbatova, Moskau), Stuttgart; **59** Klett-Archiv (Anastasia Tsayder), Stuttgart; **61** Ullstein Bild GmbH, Berlin; **63** iStockphoto (Eremin Sergey), Calgary, Alberta; **64** Rosfoto Ltd - RM, Moskau; **68** Imago (Arco Images), Berlin; **70** Fotobank Lorie (Yuri Arcurs/Legion Medien), Moskau

Sollte es einmal nicht gelungen sein, den korrekten Rechteinhaber ausfindig zu machen, so werden berechtigte Ansprüche selbstverständlich im Rahmen der üblichen Regelungen abgegolten. Die Positionsangabe der Bilder erfolgt je Seite von oben nach unten, von links nach rechts.